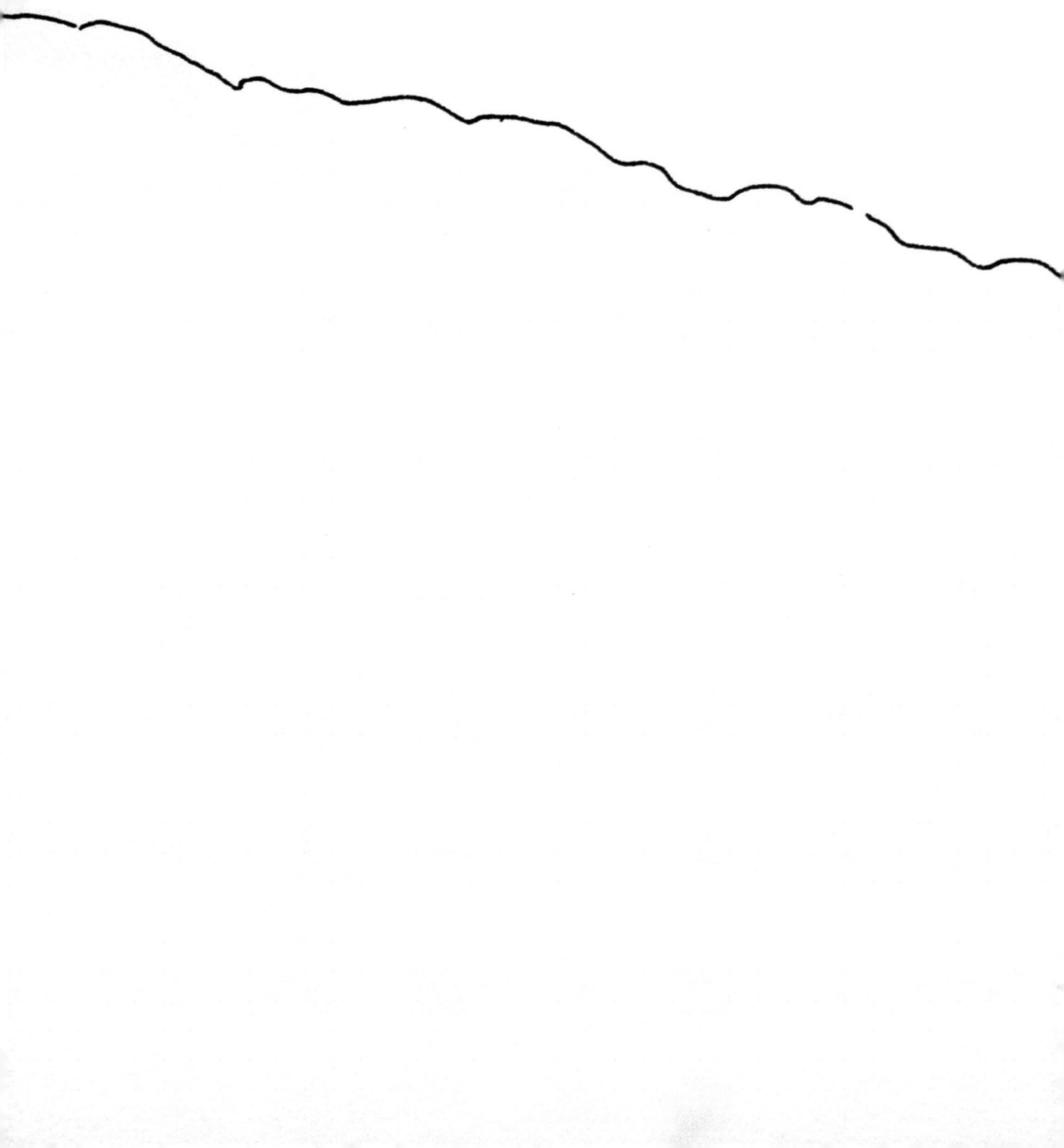

Impressum / colofon

Thomas J. Hauck & Karin den Dekker
Het eenzame slakje

Illustrationen / illustratie en vormgeving:
Karin den Dekker
www.deverbeeldster.nl

Text / text :
Thomas J. Hauck
www.thomasjohanneshauck.de
edition / uitgeverij   de blauwe vlinder

nederlandstalige redactie:
Sunita Sodhi en Karin den Dekker

Verlag Bibliothek der Provinz, A-3970 Weitra
www.bibliothekderprovinz.at
ISBN 978-3-99126-168-1

Het eenzame slakje

voor Lotte

Thomas J. Hauck - Karin den Dekker

Er was eens een slakje, een heeeeel slijmerig, langzaam en eenzaam slakje met haar eigen slakkenhuisje op haar rug.

Slakje kroop altijd helemaal alleen rond

heeeel heeeel langzaam. he was erg verdrietig omdat re zo alleeen was.

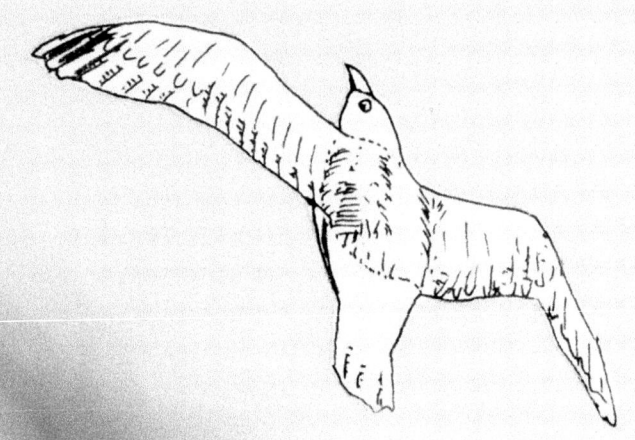

Op een dag kroop ze alleen nog maar in een

rechte lijn vooruit want daar was de zee.

"Als ik aan zee ben", dacht slakje, "dan ben

k misschien niet meer zo alleen."

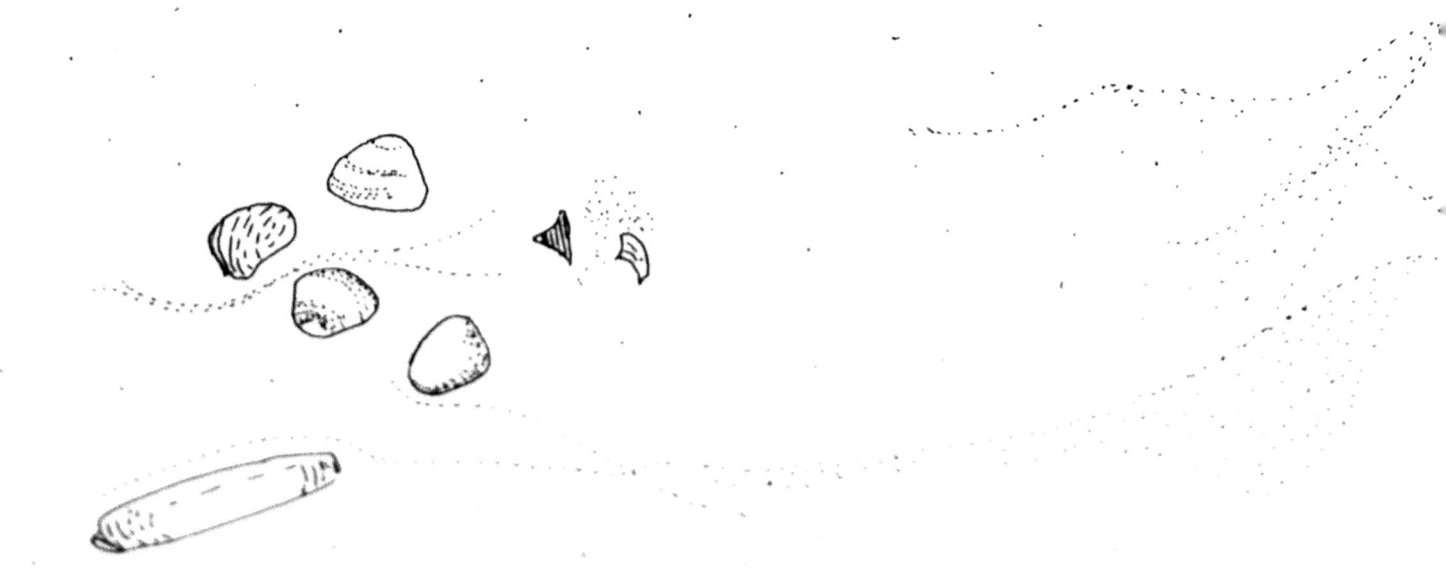

Ze kroop en kroop en kroop en kroop zo voort

Na 341 dagen stond ze aan zee.

HEEEEL LANG STAARDE SLAKJE NAAR DE ZEE.
ZE WAS NOG STEEDS VERDRIETIG,

Toen kwam er een grote golf;
die bracht een gedachte voor slakje mee,
of NEE, een IDEE!

"Wat als ik nou een kamer in mijn huisje verhuur, dan ben ik niet meer zo alleen."

DACHT SLAKJE.

Ze kroop langs het strand, over de boulevard,

helemaal naar  de vuurtoren maar nooit kwam er iemand om een

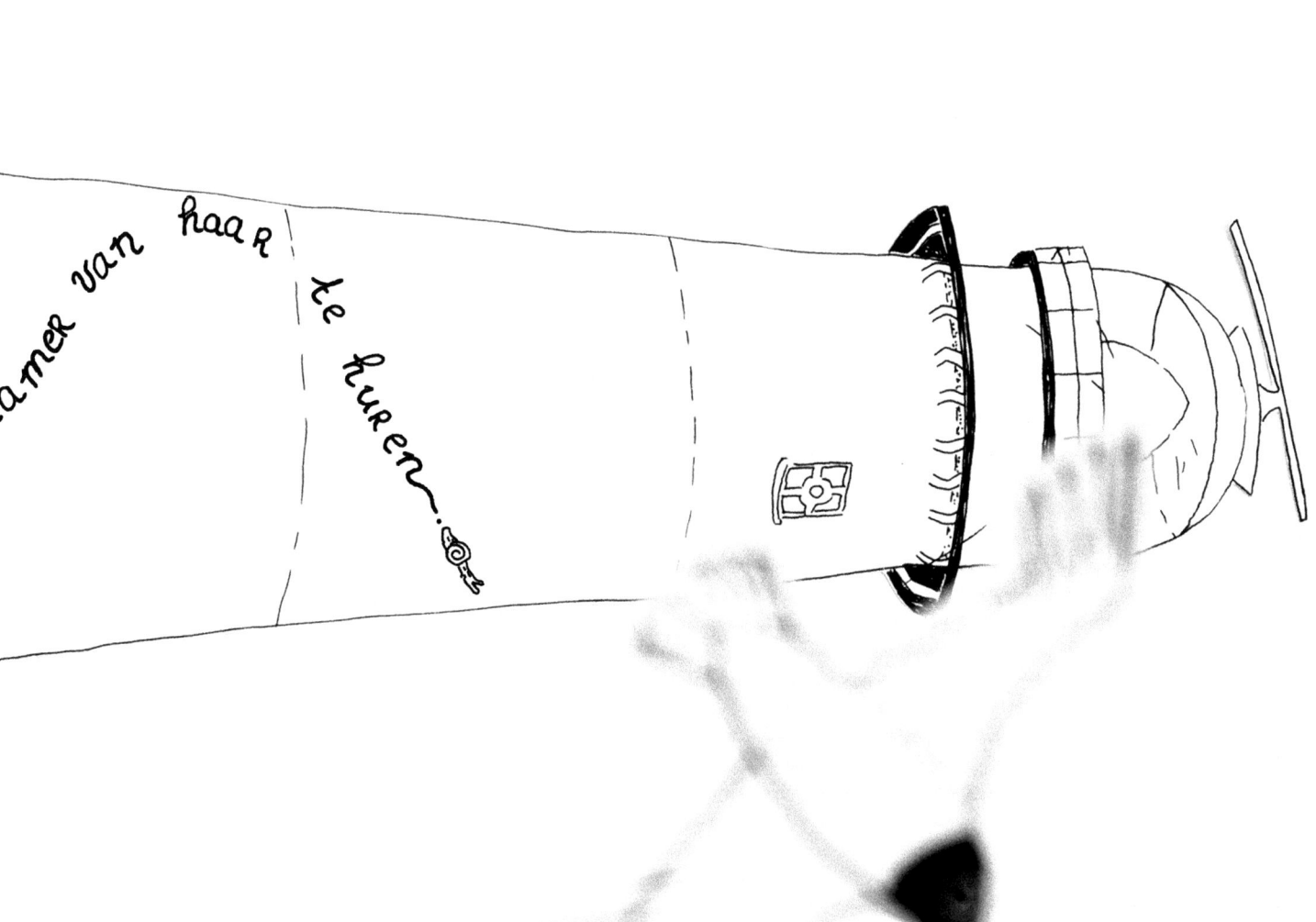

Net toen ze terug wilde keren kwam er een eenzame walvis aan gezwommen

"IK HEB GEHOORD DAT JE EEN KAMER TE HUUR HEBT", ZEI DE WALVIS.

"ja, JA!", ZEI SLAKJE "kom binnen!"

DE WALVIS PROBEERDE IN HET SLAKKENHUISJE TE KRUIPEN EN MAAKTE ZICH ZO KLEIN ALS MAAR KON.

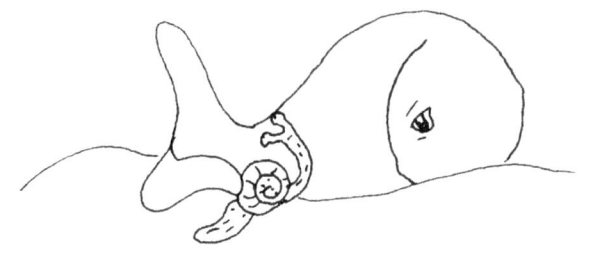

"kleiner",
RIEP SLAKJE.

DE WALVIS DEED NOG MEER ZIJN BEST.

"nog kleiner",
RIEP SLAKJE.

DE WALVIS DEED ZIJN ALLERGROOTSTE BEST.

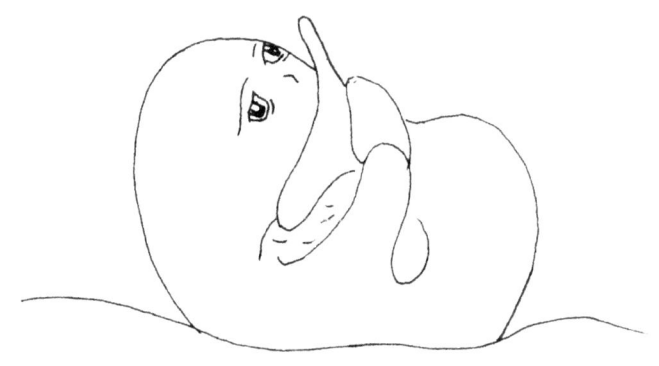

"nog kleiner",
RIEP SLAKJE.

SLAKJE KEEK WALVIS AAN,
HEEL HEEL VERDRIETIG.

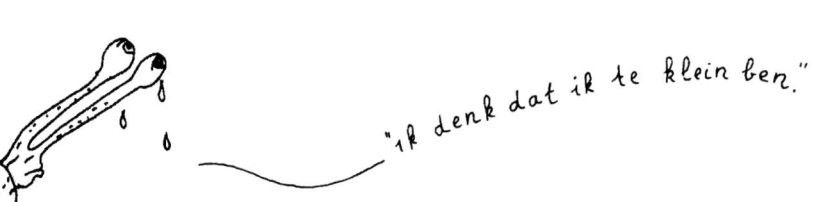

"ik denk dat ik te klein ben."

ZEI SLAKJE.

DE WALVIS KEEK SLAKJE AAN,
HEEL HEEL VERDRIETIG.

IK DENK
DAT IK
TE GROOT
BEN

ZEI DE WALVIS.

ZE BLEVEN ELKAAR TREURIG AANKIJKEN.

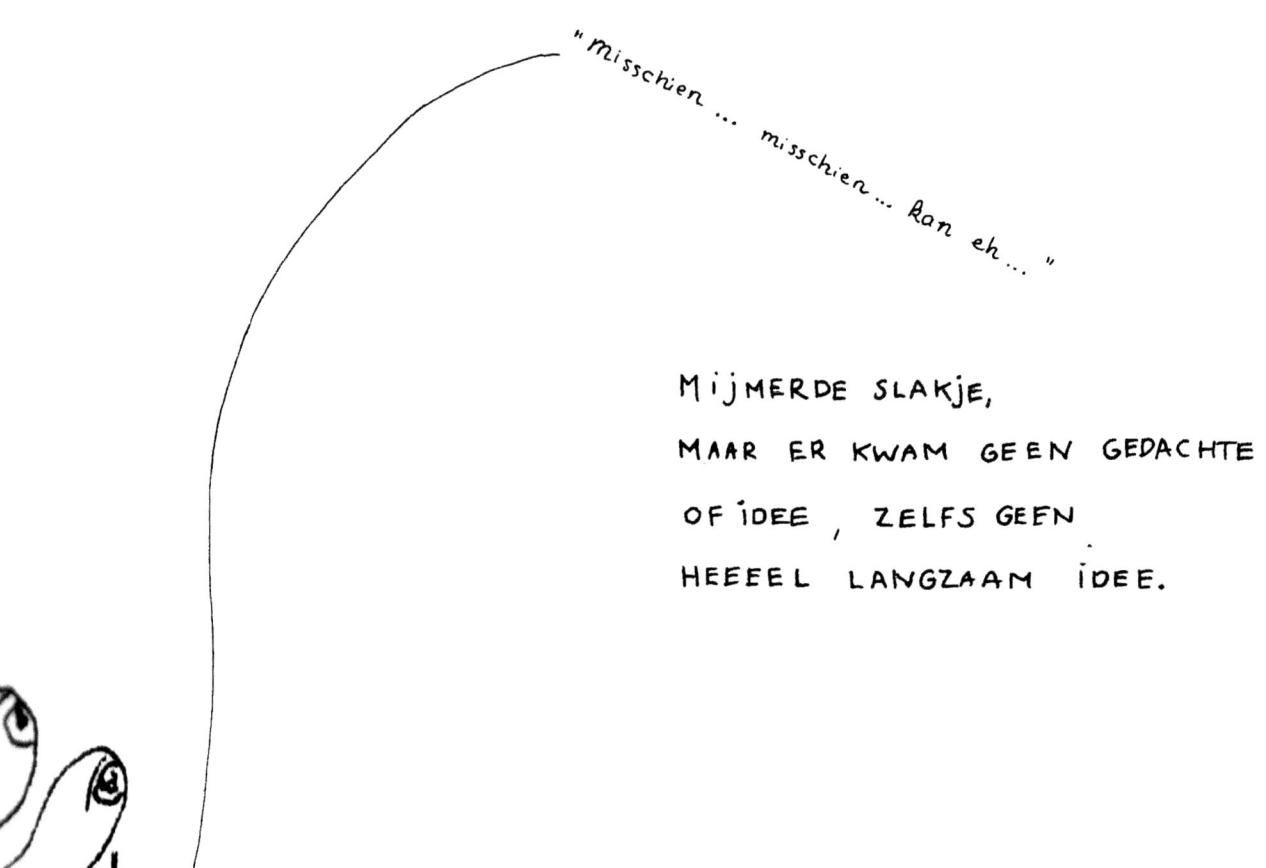

"misschien... misschien... kan eh..."

MIJMERDE SLAKJE,
MAAR ER KWAM GEEN GEDACHTE
OF IDEE, ZELFS GEEN
HEEEEL LANGZAAM IDEE.

"MISSCHIEN MISSCHIEN ... KAN ... EH ...

PIJNSDE DE WALVIS, MAAR ER KWAM GEEN GROTE GEDACHTE EN ZELFS GEEN PIEPKLEIN IDEE.

Plotseling vloog er een meeuw over hun heen. Hij liet een groot

IDEE

vallen, bovenop de walvis.

"Slakje", zei hij, "kruip toch op mijn rug, ik heb daar veel ruimte."

Slakje straalde omdat ze het zo'n gigantisch goed idee vond.

DE WALVIS STRAALDE OOK
OMDAT HIJ ENORM TROTS WAS
OP ZIJN IDEE.

Toen kroop seapje heeeel lard

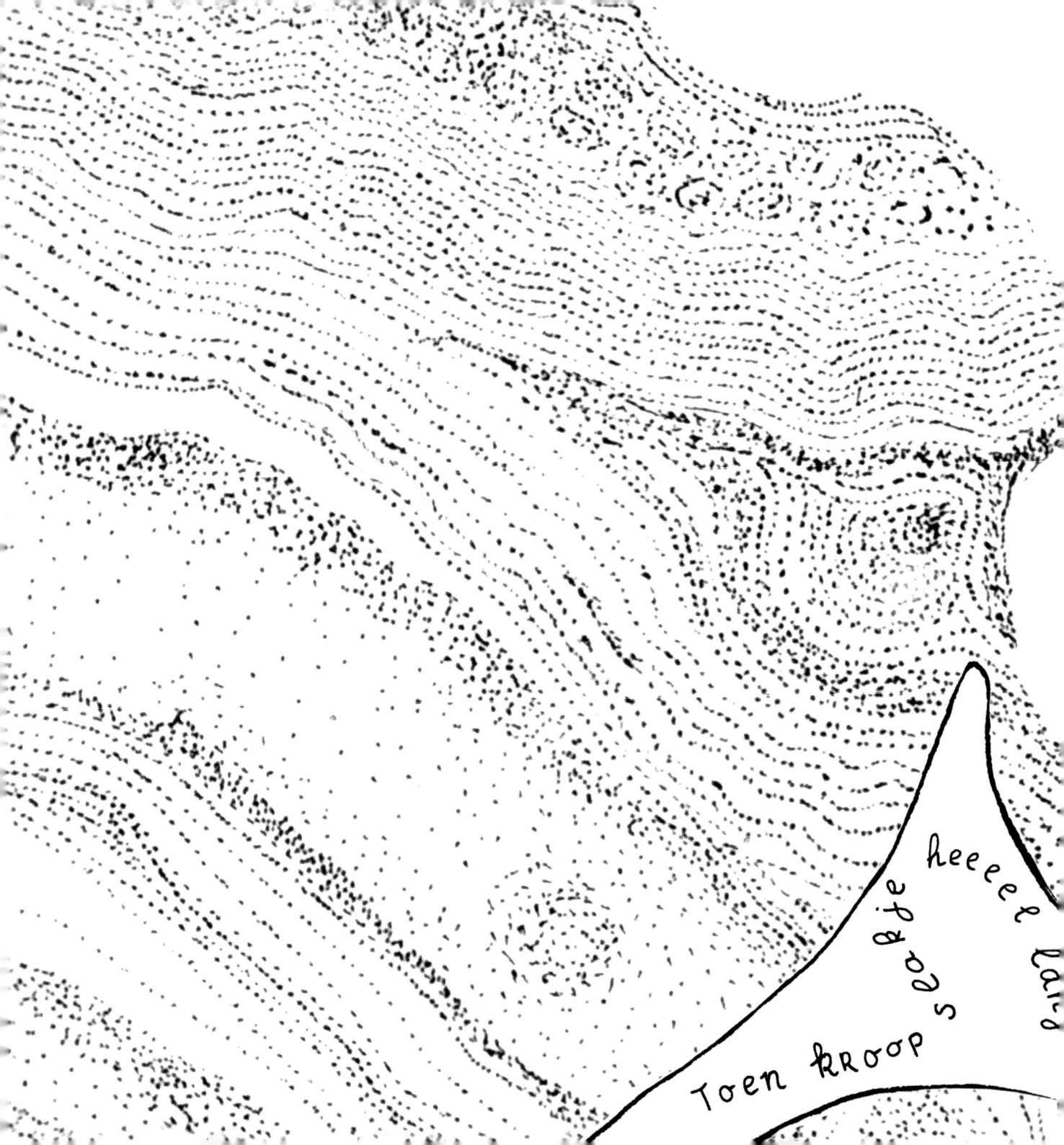

aam op de walvis. De walvis wachtte heeeel heeeel lang op slaapje. Toen sliep hij met haar huisje bovenop zijn rug was aangekomen, rustte ze even uit.

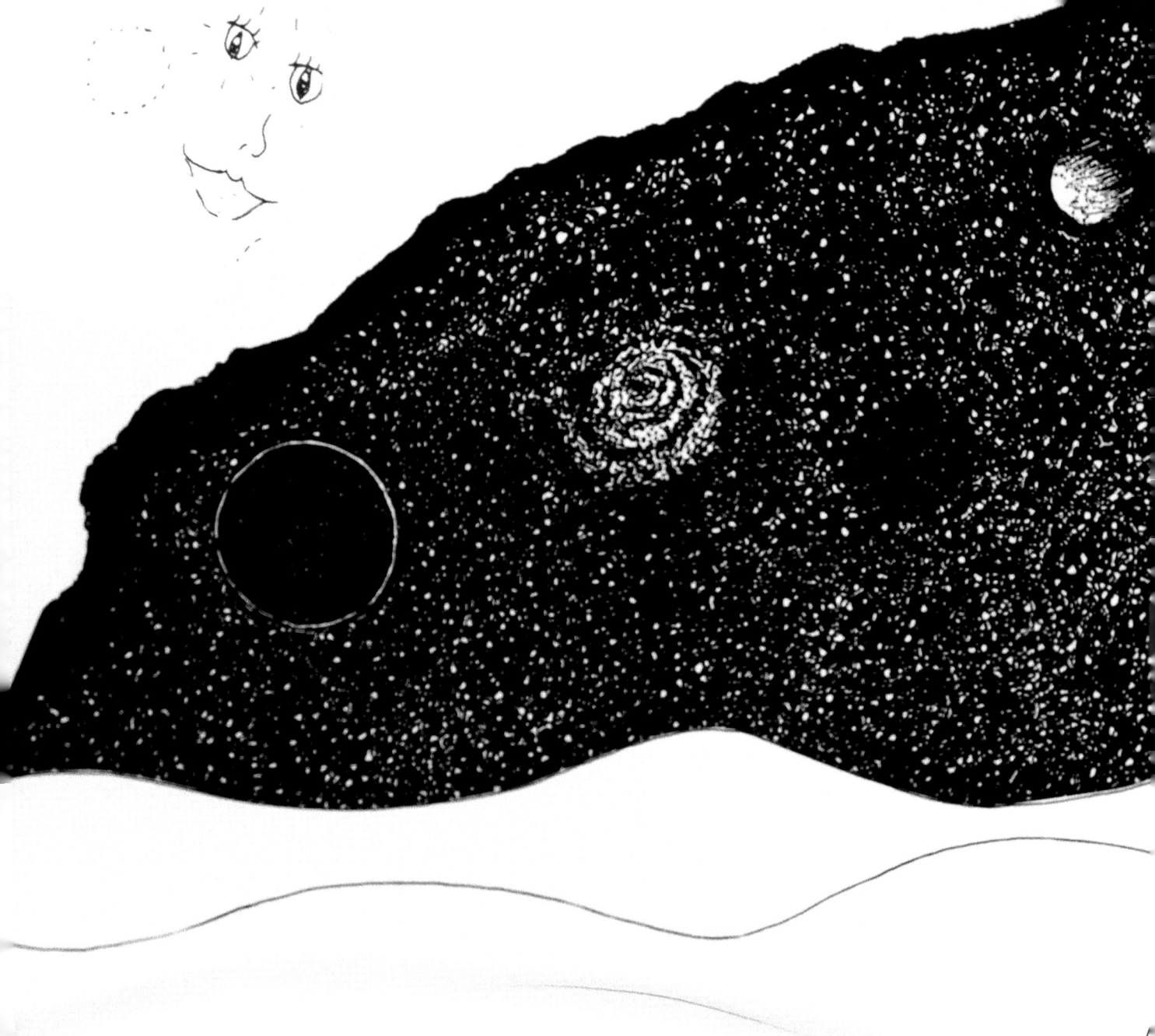

EN ZO ZWOM WALVIS MET SLAKJE
OP ZIJN RUG DE ZEE IN,
DE ZON TEGEMOET. EN DE MAAN!

"ahoy!" riep slakje.

"AHOY!" riep de walvis.

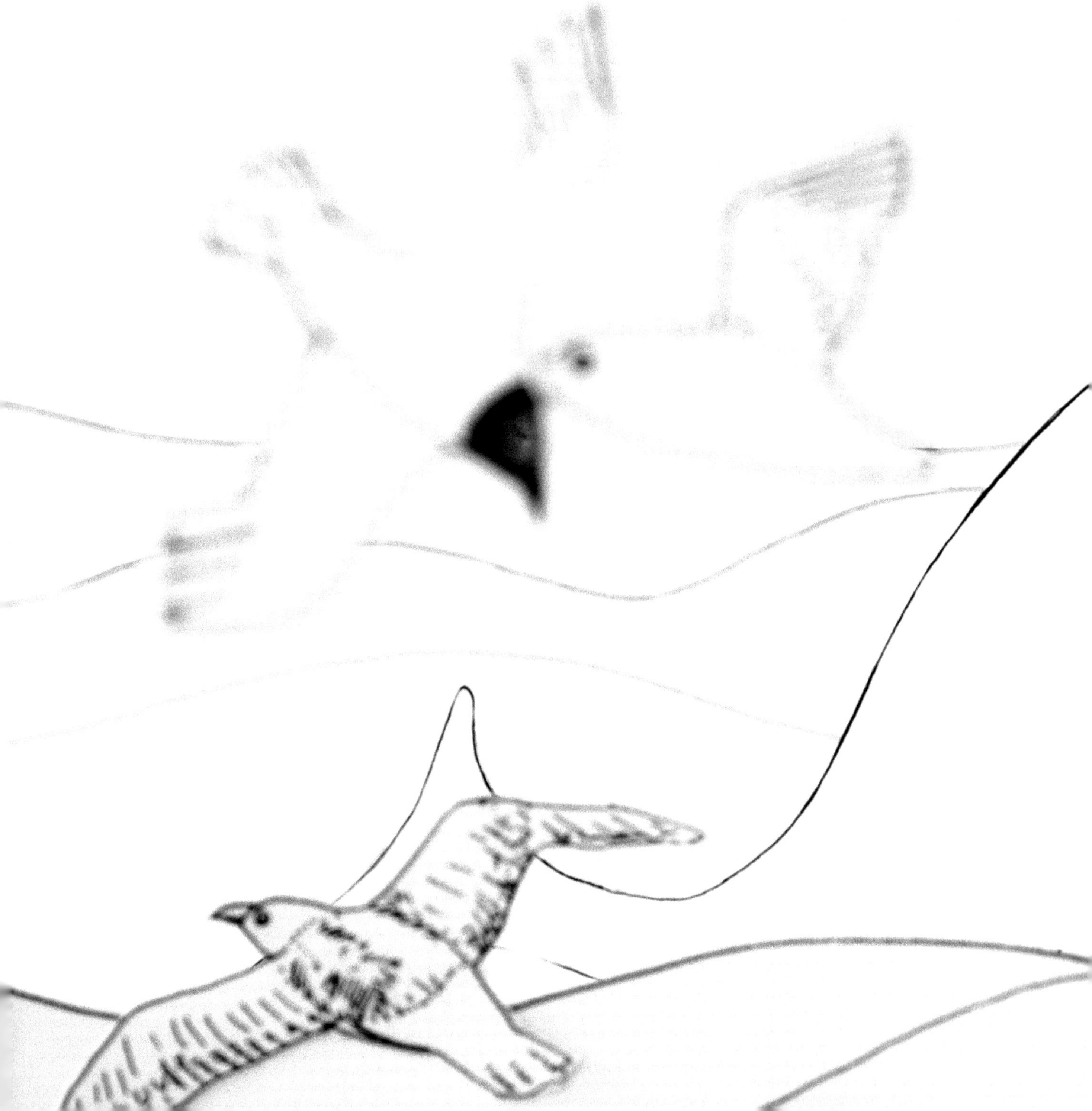

TOEN BOUWDE ZE EEN HEKJE ROND HAAR SLAKKENHUISJE.

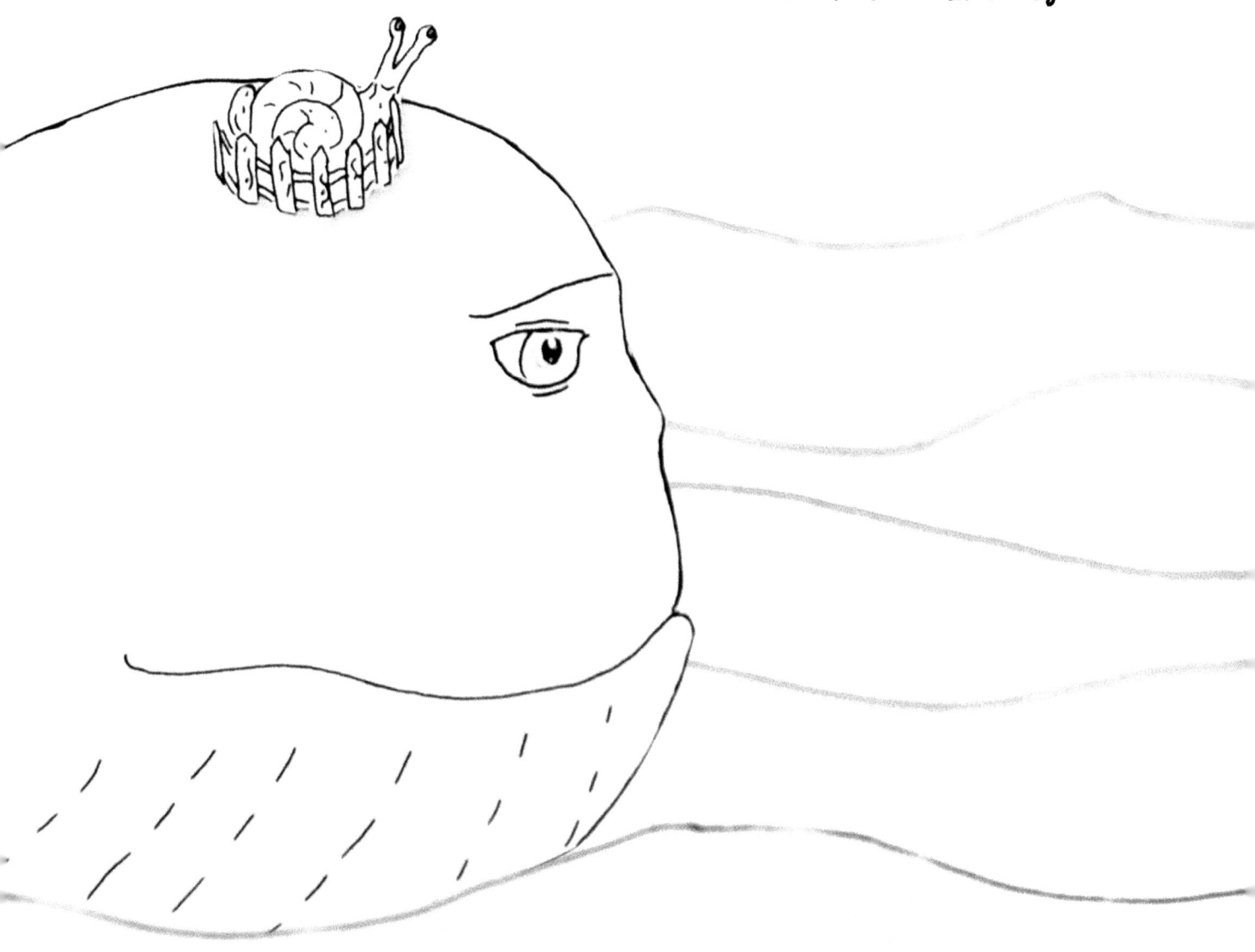

Die einsame Schnecke

Es war einmal eine Schnecke. Eine gaaanz schleimige, langsame und einsame Schnecke mit ihrem eigenen Schneckenhaus auf dem Rücken.

Die Schnecke kroch immer ganz alleine herum, sehr sehr langsam. Sie war ganz traurig, weil sie so alleine war.

Jeden Tag kroch die Schnecke herum. Nur nachts nicht, da war es dunkel.

Eines Tages kroch sie nur noch geradeaus. Weil da vorne das Meer war. „Wenn ich am Meer bin" dachte sich die Schnecke „ dann bin ich vielleicht nicht mehr so allein"

Sie kroch und kroch und kroch und kroch.
Nach 341 Tagen stand sie am Meer.

Gaaaaaaanz lange schaute die Schnecke hinaus zum Meer. Sie war immer noch traurig. Vielleicht ein bisschen weniger.

Da kam eine große Welle, die brachte ihr einen Gedanken, oder nein, eine Idee. „ Wenn ich ein Zimmer in meinem Haus vermiete, dann bin ich nicht mehr so allein", dachte die Schnecke.

Sie kroch am Strand entlang, über die Promenade, bis hinaus zum Leuchtturm. Aber niemand kam, um bei ihr ein Zimmer zu mieten.

Sie wollte gerade wieder heim kriechen, da kam ein einsamer Wal angeschwommen „ Ich habe gehört, dass Du ein Zimmer zu vermieten hast" sagte der Wal. „ Ja, ja", sagte die Schnecke, „komm herein!"

Der Wal probierte in das Schneckenhaus zu kriechen und machte sich so klein er nur konnte.

„Noch kleiner!", rief die Schnecke.

Der Wal versuchte sich noch kleiner zu machen.

„Noch, noch kleiner!", rief die Schnecke.

Der Wal versuchte sich noch noch kleiner zu machen.

„Nooooooch kleiner!", rief die Schnecke

Es ging nicht!
Es klappte nicht!

Die Schnecke schaute den Wal an, sehr sehr traurig.

Der Wal schaute die Schnecke an, sehr sehr traurig.

„ Ich denke, dass ich zu groß bin", sagte der Wal.

„Ich denke, daß ich zu klein bin", sagte die Schnecke.

Sie schauten sich weiter ganz traurig an.

„ Vielleicht...vielleicht...kann ich...", grübelte die Schnecke. Aber es kam kein Gedanke oder eine Idee. Nicht einmal eine gaaaaaanz langsame Idee.

„Vielleicht, vielleicht... kann ich...", grübelte der Wal. Aber es kam keine Idee. Auch nicht eine ganz kleine Idee.

Plötzlich flog eine Möwe über sie hinweg. Sie ließ eine große Idee fallen, genau auf den Wal. „ Schnecke", sagte der Wal, „ kriech doch auf meinen Rücken. Ich hab da gaaaaaanz viel Platz."

Die Schnecke strahlte, weil sie die Idee ganz arg toll fand.

Der Wal strahlte auch, weil er ganz arg stolz auf seine Idee war.

Da kroch die Schnecke gaaaaaanz gaaaaaanz langsam auf den Wal. Der Wal wartete gaaaaaanz lange, bis die Schnecke mit ihrem Schneckenhaus auf seinem Rücken war.

Als sie oben angekommen war, machte sie eine kleine Pause. Dann baute sie sich einen Zaun um ihr Schneckenhaus.

„Ahoi" rief der Wal.

„Ahoi" rief die Schnecke.

Und der Wal schwamm mit der Schnecke auf seinem Rücken hinaus ins Meer.

Der Sonne entgegen.

Und dem Mond auch!

danke / bedankt:

Sunita Sodhi
Johan te Hart
Richard Pils